뒤뜰에 따리를 세운

김순국

1954년 제주 출생.

제주여중고, 서울여자간호대학 졸업.

미국 코네티컷주 주립대학 간호학과 4년 수료.

2009년 〈제주일보〉 지상백일장 장원(「다랑쉬마을 팽나무」).

2018년 첫 시집 『반대편에 반짝이는』 상재.

2018년 《좋은시조》 여름호 「제주 바람」 「나비효과」 발표.

soonguk1740@hanmail.net

뒤뜰에 마디를 세운

—

초판 1쇄 2019년 6월 7일

지은이 김순국

펴낸이 김영재

펴낸곳 책만드는집

—

주소 서울 마포구 양화로3길99 4층(04022)

전화 3142-1585 · 6

팩스 336-8908

전자우편 chaekjip@naver.com

출판등록 1994년 1월 13일 제10-927호

—

ISBN 978-89-7944-692-0 (03810)

김순국 시화집

책만드는집

| 책머리에 |

오랫동안 염원했던 꿈이 내 뒤뜰에 마디를 세운 것 같다. 고향 제주를 떠나와 4년째 청주에 머무는 동안 천자문 시조 천 수를 마무리했고, 시집 『반대편에 반짝이는』을 상재했다.

20대에 직장에 다니며 잠깐 익혀두었던 서예에다 최근 접하고 있는 캘리그래피와 수묵화의 옷을 입혀 두 번째 시집을 세상에 내보낸다. 또 한 겹 벗어내려는 몸부림의 흔적임을 고백한다. 이 준비 과정에서 얻은 마음의 정화가 늦깎이 내 모습에 곱게 물드는 단풍으로 이어졌으면 좋겠다.

수묵화 필법으로 이곳 청주의 삶을 풍요롭게 해주신 서현정 선생님께 감사드린다.

－2019년 5월

김순국

| 차례 |

꽃샘추위에

고추냉이 한파 삭혀 부활하듯 솟은 꽃

피막을 찢어내어 향낭 다시 풀었다

한파로 마른 내 등걸 봄바람에 가렵다

* 천자문 시조 쓰기 '찰 한寒'에서

꽃샘추위에

고추냉이 한파 삭혀
부활하듯 솟은 꽃
피막을 찢어내어
향낭 다시 풀었다
한파로 마른
내등걸
봄바람에
가렵다

폭풍 지난 아침에

수국처럼 변색하는 화가 난 그이 얼굴

붉었다가 푸르렀다 어쩔 줄을 모르더니

스마일 아이처럼 웃네, 폭풍 지난 아침에

* 천자문 시조 쓰기 '재앙 화禍'에서

폭풍 지난 아침에

수국처럼
변색하는
화가 난
그의 얼굴
붉었다가 푸르렀다
어쩔 줄을 모르더니
스마일
아이처럼 웃네.
폭풍 지난 아침에

뒤뜰에 마디를 세운

"법 없이 살아가라" 하시던 울 아버지

법전 한 번 눈길 없이 선량하게 잘 사신

뒤뜰에 마디를 세운 대나무가 선하다

* 천자문 시조 쓰기 '법 전典'에서

뒤뜰에 마디를 세운

"법 없이 살아가라"
하시던 울아버지
법전 한번
눈길 없이
선량하게
잘 사신
뒤뜰에
마디를 세운
대나무가
선하다

미선나무

오로지 괴산 지역 천연기념물 미선나무

회초리 가지에다 연미색 촘촘한 별들

선녀가 제 향을 뿌렸나, 그 주변이 뽀얗다

* 천자문 시조 쓰기 '향기 형馨'에서

미선나무

오로지
괴산 지역
천연기념물 미선나무
회초리 가지에다
연미색
촘촘한 별들
선녀가
제 향을
뿌렸나,
그 주변이
뽀얗다

하가리 연화못

땅거미를 따라온 고내봉 하르방이

굽이굽이 칠월 연잎에 머리를 얹었다가

수천 개 연등 사이로 달이 내려 웃는다

* 천자문 시조 쓰기 '못 연淵'에서

한가리 연화못

땅거미를 따라온
고내봉 하르방이
굽이굽이 칠월 연잎에
머리를 얹었다가
수천개 연등 사이로
달이 내려
웃는다—

한라산 철쭉제

오월이면 꽃불동산 한라산 선작지왓

산철쭉 털진달래 앞다투어 피는 이곳

벌겋게 꽃을 피우니 나도 한데 취한다

* 천자문 시조 쓰기 '불 화火'에서

한라산 철쭉제

오월이면 꽃불동산
한라산 선작지왓
산철쭉 털진달래
앞다투어 피는 이곳
벌겋게 꽃을 피우니
나도 한데
취한다

동강할미꽃

긴 얼굴 보랏빛 꽃 누런 잎을 뜯지 마오

강원도 동강의 절벽에만 피는 마음

춘궁에 빈 젖 같은 잎새 엄마 품속 같아요

* 천자문 시조 쓰기 '풀 망莽'에서

동강할미꽃

제주 바람

바위 너머 돌 틈으로 휘이휘이 이는 바람

가파도 청보리가 파도처럼 쓰러지고

한바탕 춤사위 끝엔 발끝까지 파랗다

* 천자문 시조 쓰기 '날릴 요飄'에서

제주바람

바위너머
돌틈으로
휘이휘이
이는 바람
가파도
청보리가
파도처럼
쓰러지고
한바탕
춤사위 끝엔
발끝까지
파랗다

능소화

스님들 처소 옆에 공중 부양 중이구나

금욕의 담장은 저들에겐 아예 없어

턱 괴고 담장 위에서 나를 돌려세운다

* 천자문 시조 쓰기 '하늘 소霄'에서

능소화
스님들
청솔 옆에
공중부양 중이구나
금욕의 담장은
저들에겐
아예 없어
턱괴고
담장 위에서
나를 돌려세운다

한라산 향연

봄바람이 살랑살랑 나뭇가지 흔들더니

한 집에 처녀 총각 신접살림 구상나무

초여름 붉은 열매도 뻐꾹뻐꾹 울어라

* 천자문 시조 쓰기 '잔치 연讌'에서

한라산 향연
봄바람이
살랑살랑
나뭇가지
흔들더니
한집에
처녀총각
신접살림
구상나무
초여름
붉은 열매도
뻐꾹 뻐꾹
울어라

새 하루

매일매일 떠났다가 돌아와도 반가운 이름

새날이라 꽃단장하고 깜짝 선물 가져오실까

꿈에도 무슨 선물일까 눈 비비는 새 아침

* 천자문 시조 쓰기 '날 일日'에서

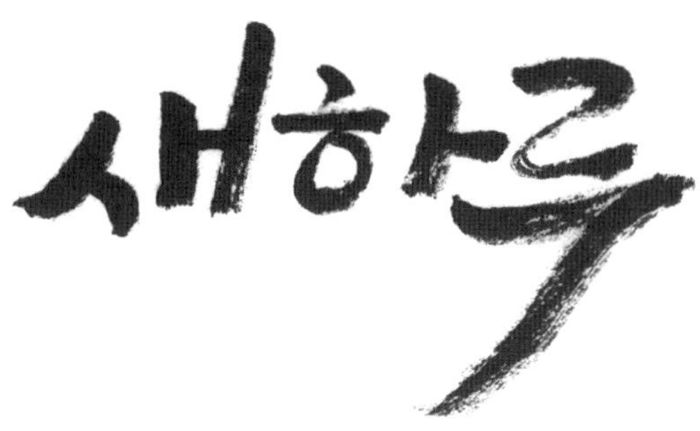

매일매일
떠났다가
돌아와도
반가운 아름
새 날이라
꽃단장하고
깜짝 선물
가져오잖기
꿈에도
무슨 선물일까
눈 비비는
새 아침

산에서

우왕좌왕 안개 속 조릿대 뒤덮인 산

몇 시간 걸었는데 그 자리에 다시 왔네

베일의 안개 정국아 햇살 받고 풀려라

* 천자문 시조 쓰기 '갈 왕往'에서

산에서

우왕좌왕 안개속
조릿대 뒤덮인 산
몇 시간 걸었는데
그 자리에 다시 왔네
베일의 안개장막아
햇살 받고 풀려라

비상금

철커덕 자물통 연 어머니의 장롱에서

나프탈렌 냄새 밴 차곡차곡 한복 틈새

비상금 그 냄새 품고 내 손에다 건네졌다

* 천자문 시조 쓰기 '감출 장藏'에서

철커덕 자물통 연
어머니의 장롱에서
나프탈렌 냄새 밴
차곡차곡 한복 틈새
비상금
그 냄새 품고
내 손에다 건네졌다

마지막 준비

수의를 지으셨다던 친정어머니 낮은 목소리

김장하고 겨울 걱정 끝이라 하시듯이

그 미소 은은한 여유 보름달에 어린다

* 천자문 시조 쓰기 '윤달 윤閏'에서

마지막
준비

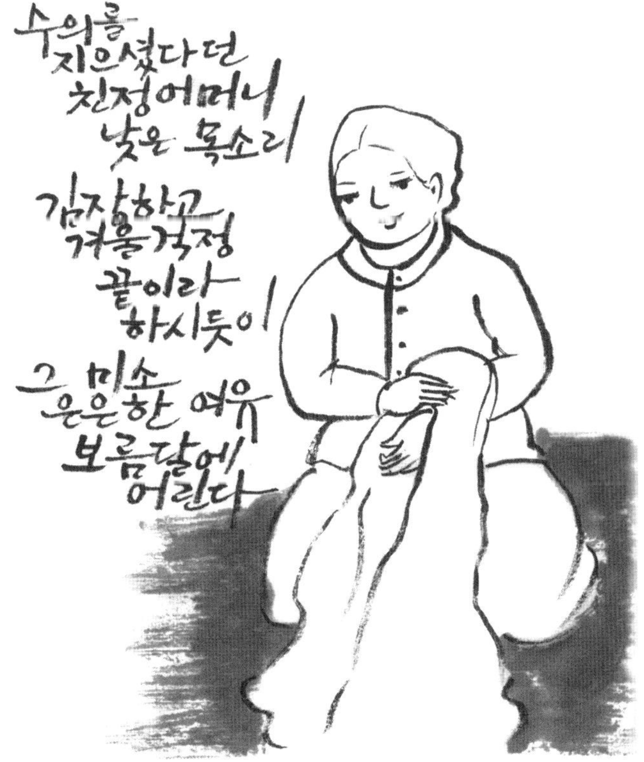
수의를
지으셨다던
친정어머니
낮은 목소리
김장하고
겨울걱정
끝이라
하시듯이
그 미소
은은한 여유
보름달에
어린다

부처님

금박 입고 절 받아서 기분 좋아 웃으실까

하루 내 해바라기가 부지런히 절하면서

씨앗을 환전해 오면 벌떡 일어나실까

* 천자문 시조 쓰기 '쇠 금金'에서

부처님

금박 입고
절 받아서
기분 좋아
웃으실까

하루 내
해바라기가
부지런히
절 하면서

씨앗을
한 천 해오면
벌떡
일어나실까

불가사리

울긋불긋 피었구나 여기저기 독버섯이

가끔은 별이다가 십자가가 되었다가

오늘은 바짝 마른 채 돌 위에다 누웠다

* 천자문 시조 쓰기 '바다 해海'에서

불가사리

울긋불긋
피었구나
여기저기 독버섯이
가끔은
별이다가 십자가가
되었다가
오늘은 바짝
마른 채
돌 위에다
누웠다

젖은 채로

마을 올레 끝날 때쯤 달려 나온 푸른 바다

까닭 없이 화를 내며 휘 뿌리는 물보라에

해묵은 빚을 갚은 듯 젖은 채로 섰단다

* 천자문 시조 쓰기 '이에 내乃'에서

젖은 채로

마을올레 끝날 때쯤
달려나온 푸른 바다
까닭없이 화를 내며
흩뿌리는 물보라에
해묵은 빚을 갚은 듯
젖은 채로 섰단다

시를 위하여

옷을 지으려면 가위를 꺼내듯이

집을 지으려면 벽돌을 준비하듯

시 한 편 화폭 속에다 꽃 한 송일 앉힌다

* 천자문 시조 쓰기 '지을 제制'에서

옷을 지으려면
가위를 꺼내듯이
집을 지으려면
벽돌을 준비하듯
시 한 편
화폭 속에다
꽃 한 송이
앉힌다

생명

"돈 보고 웃느냐, 아기 보고 웃지!"

"돈 보고 사느냐, 사람 보고 살지!"

어머님 하신 말씀에 눈물겨워 오누나

* 천자문 시조 쓰기 '사람 인人'에서

"돈 보고 웃느냐,
아기 보고 웃지!"

"돈 보고 사느냐,
사람 보고 살지!"
어머님 하신 말씀에
눈물겨워 오누나

그 사람

그를 만나기까지는 작품 실을 준비했어

씨줄 날줄 삼십몇 년 함께 짜온 양탄자

황혼 녘 마무리 단계 화룡점정 할 거야

* 천자문 시조 쓰기 '그 궐厥'에서

그 사람
그를 만나기까지는
작품실을 준비했어
씨줄 날줄 삼십몇 년
함께 짜온
양탄자
황혼녘 마무리 단계
화룡점정
할 거야.

왜가리

금빛 날개 없어도 해탈한 승려처럼

옷의 품격 따위 필요 없는 예술가처럼

아, 저기 왜가리 한 마리 자기 길로 나른다

* 천자문 시조 쓰기 '옷 의衣'에서

왜가리

금빛 날개
없어도
해탈한 승려처럼
옷의 품격따위
필요없는 예술가처럼
아, 저기 왜가리
한마리 자기길로
나른다

종소리

스님이 예불 시간 백팔 번 종을 친다

새들에게 짐승에게 가슴으로 통하는 소리

아프게 저무는 하늘에 파장 일고 있었다

* 천자문 시조 쓰기 '울 명鳴'에서

종소리

스님이
예불시간
백팔번
종을 친다
새들에게
짐승에게
가슴으로
통하는 소리
아프게
저무는 하늘에
파장 일고
있었다

구절초

무엇을 쓸 것인가 하얀 벽이 까매진다

이 생각 저 생각 우리 남편 직장 생각

출퇴근 어둑한 길에 새하얗게 피었다

* 천자문 시조 쓰기 '흰 백白'에서

구절초

무엇을 쓸 것인가
하얀 벽이 까매진다
이생각 저생각
우리 남편 직장생각
출퇴근 어둑한
길에
새하얗게
피었다

흙

"상한 생선은 흙에 덮으라" 하셨지요

썩은 냄새 뒤에 연꽃 송이 피워 올리는

기다려 거름이 되는 땅의 마음이고파

* 천자문 시조 쓰기 '덮을 개蓋'에서

"상한 생선은
흙에 덮으라"
하셨지요

썩은 냄새뒤에
연꽃송이
피워올리는
기다려
거룸이 피는
땅의 마음이고파

아픈 몸에

학림사 연꽃좌대 상반신 약사여래

양손을 가슴에 얹은 눈사람을 닮았네요

후덕한 내리사랑이 어버이만 같아요

* 천자문 시조 쓰기 '몸 신身'에서

아픈 몸에

학림사 연꽃좌대
상반신 약사여래
양손을 가슴에 얹은
눈사람을 닮앗네요
후덕한 내리사랑이
어버이만 같아요

용감한 시

시골 할머니들 시집 제목 『시가 뭐고?』 대박이네

시금치씨 배추씨만 알고 시는 모르겠다는

그 한 줄 순수한 시에 내 콧등이 씽했다

* 천자문 시조 쓰기 '감히 감敢'에서

용감한 시

시골 할머니들
시집제목 '시가 뭐고?'
대박이네
시금치씨 배추씨만 알고
시는 모르겠다는
그 한 줄 순수한 시에
내 콧등이 찡했다

허물벗기

엊그제 벗겼는데 또 나오는 습관의 때

나래 펴고 날기 위해 얼마나 더 벗어야 할까

빈손의 저녁노을이 살갗처럼 아파라

* 천자문 시조 쓰기 '허물 과過'에서

허물벗기

엊그제
벗겼는데
또 나오는 습관의 때
나래 펴고
날기위해
얼마나 더
벗어야 할까
빈 손의
저녁노을이
살갗처럼
아파라

수묵화

먹물 적신 붓이 여백으로 펼치는 세상

띄엄띄엄 얹어놓은 폭설 뒤에 오름 사이로

어렴풋 봄을 키우는 하늘빛이 내려와

* 천자문 시조 쓰기 '먹 묵墨'에서

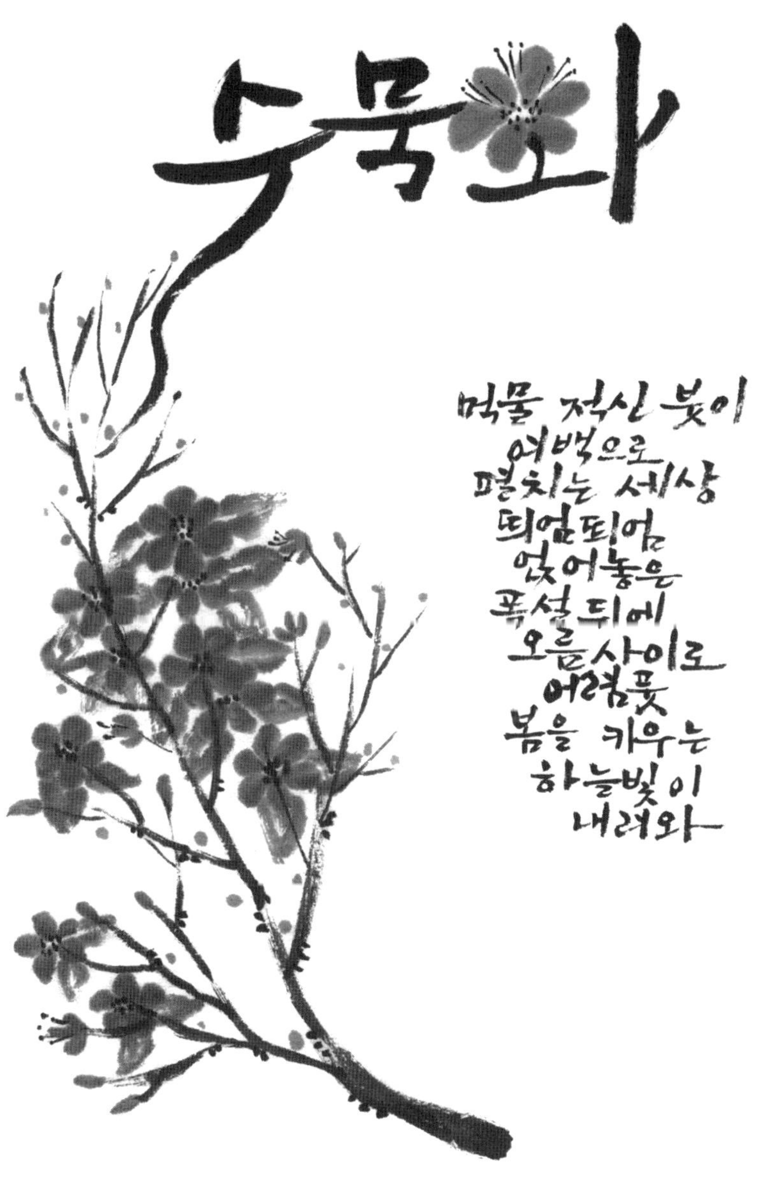
수묵화
먹물 적신 붓이
여백으로
펼치는 세상
띄엄띄엄
얹어놓은
폭설 뒤에
오름 사이로
어렴풋
봄을 키우는
하늘빛이
내려와

푸릇한 바늘 자국이

병상에 아이들 보면 울컥울컥 아들 생각

야윈 꽃 하나같이 이슬방울 눈물방울

푸릇한 바늘 자국이 내 눈에 와 꽂힌다

* 천자문 시조 쓰기 '슬플 비悲'에서

푸릇한 바늘자국이

병상에
아이들 보면
울컥울컥
아들 생각
야윈 꽃
하나 같이
이슬 방울
눈물 방울
푸릇한
바늘자국이
내 눈에 와
꽂힌다

둥근 여유

장롱 속에 잠자는 행사용 한복처럼

보존지역 담장에 갇힌 둥근 초가 기와지붕

우리의 둥근 여유가 성냥갑에 숨었네

* 천자문 시조 쓰기 '세울 건建'에서

둥근 여유

장롱 속에 잠자는
행사용 한복처럼
보존지역
담장에 갇힌
둥근초가 기와지붕
우리의 둥근 여유가
성냥갑에
숨었네

퀼트 선물

붓 대신 바늘과 실 그림이 된 언니의 퀼트

조각조각 벽 장식 한 땀 한 땀 이불 되어

굴뚝에 연기가 오르는 따스함이 전해온다

* 천자문 시조 쓰기 '받을 수受'에서

퀼트 선물

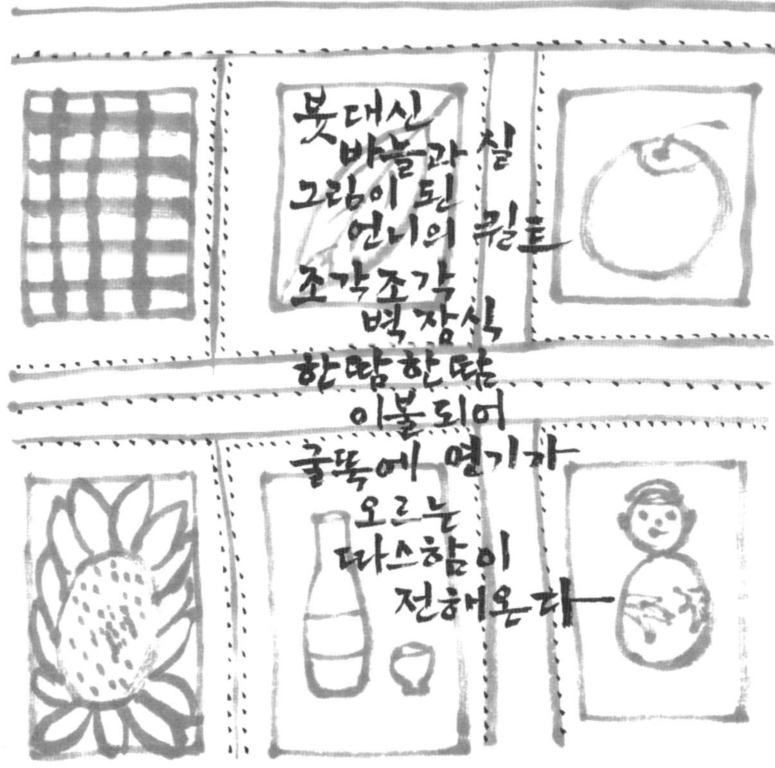

나무 자

서로 손 매만지던 어머니 단짝 친구

사십 년 포목 장사 광목 폭에 길을 내던

반 자쯤 덤으로 주던 그 인심에 윤기가

* 천자문 시조 쓰기 '자 척尺'에서

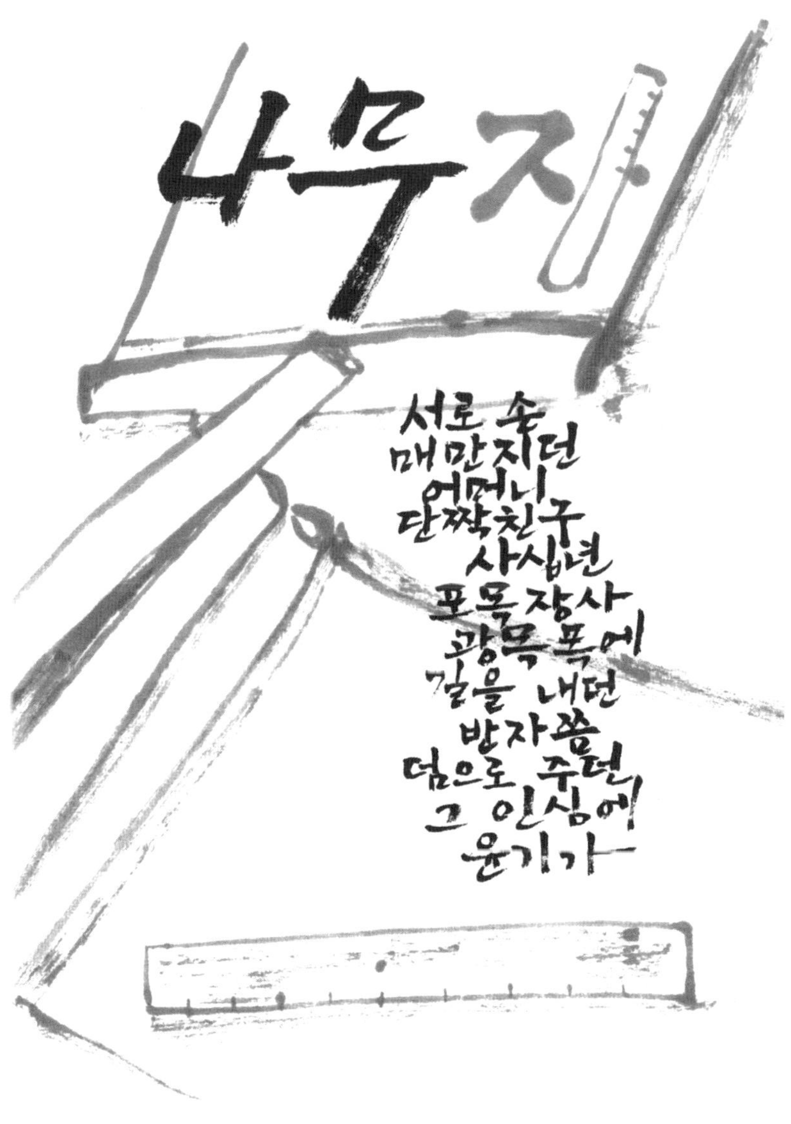
나무자
서로 손
매만지던
어머니
단짝친구
사십년
포목장사
광목 폭에
길을 내던
방자쯤
덤으로 주던
그 인심에
윤기가

미화원

새 하루 새 무대 위해 새벽어둠 걷어내는

도심지 미화원은 성직 중의 성직 같다

차라리 천직의 손길이 기도처럼 고와라

* 천자문 시조 쓰기 '성인 성聖'에서

미화원
새하루
새무대 위해
새벽 어둠 걷어내는
도심지 미화원은
성직 중의 성직같다
차라리 천직의
손길이 기도처럼
고와라

부부

머리는 둘인데 몸통은 하나라는

남편이 과음하면 아내도 괴롭다는

부처가 꽃을 든 뜻을 살다 보니 알겠다

* 천자문 시조 쓰기 '베풀 설設'에서

부부

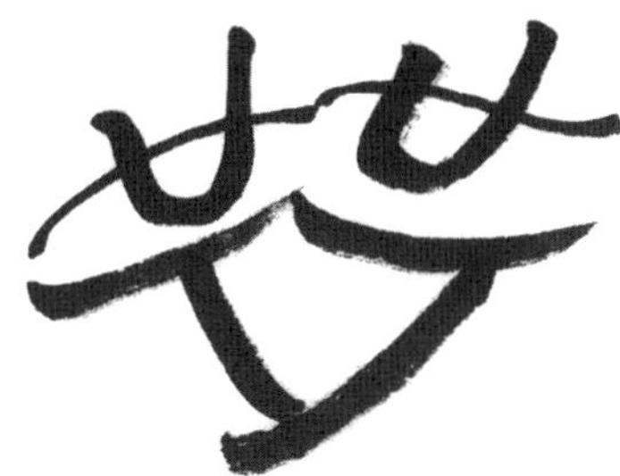

머리는 둘인데
몸통은
하나라는
남편이
과음하면
아내도
괴롭다는
부처가
꽃을 든
뜻을
살다보니
알겠다

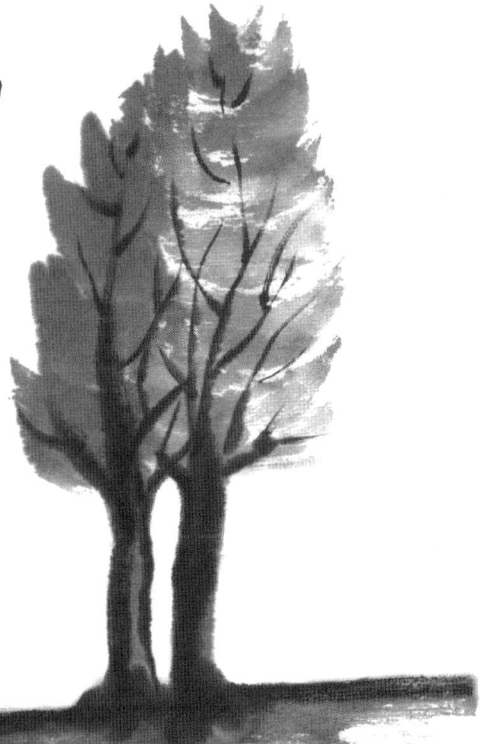

도토리

구룡산 자락마다 넉넉하게 내려줘도

아줌마 소쿠리에서 훔쳐 먹는 청솔모 녀석

도둑을 맞았다지만 그게 누구 밥인고?

* 천자문 시조 쓰기 '열매 실實'에서

도토리

구룡산
자락마다
넉넉하게 내려줘도
아줌마 소쿠리에서
훔쳐먹는 청솔모녀석
도둑을 맞았다지만
그게
누구
밥인고?

제주 오름의 봉분

낮고 높은 삼백여 오름 돌담 안에 봉분들

높은 곳 양지 밭에서 마을 쪽을 바라보는

조상님 후손 걱정에 억새꽃도 휘었네

* 천자문 시조 쓰기 '언덕 부阜'에서

제주 오름의 봉분
낮고 높은
삼백여 오름
돌담 안에 봉분들
양지밭에서
높은 곳
마을 쪽을 바라보는
조상님
후손 걱정에
억새 꽃도
희었네

붉은 함성

점점이 광화문에 모여드는 수백만 촛불

횃불 밝혀 밤하늘에 신문고를 두드리는

대설 녘 피 끓는 함성 노을처럼 붉구나

* 천자문 시조 쓰기 '일어날 기起'에서

붉은 함성
점점이
광화문에
모여드는
수백만 촛불
횃불 밝혀
밤하늘에
신문고를
두드리는
대설날
피끓는 함성
노을처럼
붉구나

산길

눈 덮인 한라산 백록담 막바지 길

직선 피해 지그재그 뱀이 기어가듯

긴 여정 마라톤처럼 리듬 불어 넣는다

* 천자문 시조 쓰기 '곧을 직直'에서

산길

눈 덮인 한라산
백록담 막바지길
직선 피해
지그재그
뱀이 기어가듯
긴 여정
마라톤처럼
리듬 불어
넣는다

겨울 느티나무

섬섬옥수 가지가지 창밖에 느티나무

우듬지에 까치집을 손자처럼 보듬어

달님을 배경 삼아서 한 우주로 서 있네

* 천자문 시조 쓰기 '떳떳할 용庸'에서

겨울느티나무
섬섬옥수
가지가지
창밖에
느티나무
우듬지에
까치집을
손자처럼
보듬어
달님을
배경 삼아서
한우주로
서 있네

그 미소

산책길 낯선 여자 고운 눈길 미소까지

추억 담은 눈빛이 우리 강아지를 보네

그 눈빛 알 것만 같아 꽃향기가 번지네

* 천자문 시조 쓰기 '웃을 소笑'에서

그 미소
산책길
낯선 여자
고운 눈길 미소까지
추억 담은 눈빛이
우리 강아지를 보네
그 눈빛
알 것만 같아
꽃향기가
번지네

나비효과

주변이 나의 세상 인연 따라 만나는 일

작은 일이 큰일 되고 씨앗이 꽃밭 되고

여기 나 중심에 서서 나래 훨훨 친단다

* 천자문 시조 쓰기 '가까울 근近'에서

나비효과

하늘이 도운 일

하늘에 삼 년 동안 읍소하여 얻은 허락

파도는 사위었고 바람도 숨을 죽인

불빛에 호위를 받은 세월호가 올랐다

* 천자문 시조 쓰기 '아뢸 주奏'에서

하늘이 도운 일

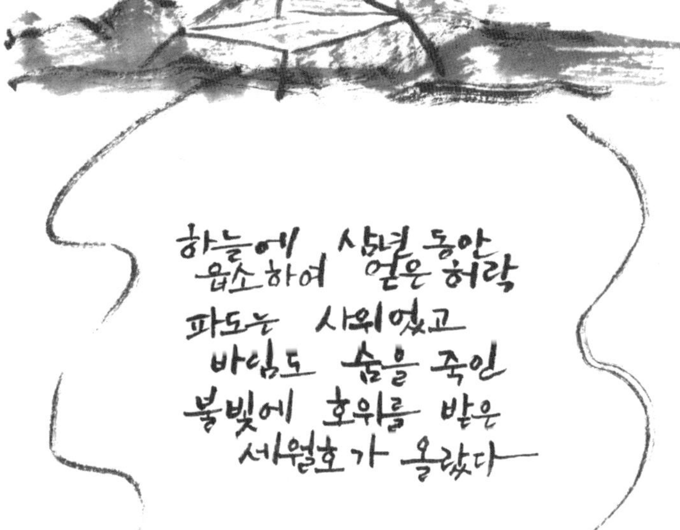

갈치

갈치는 비늘 없어도 태평양을 헤엄친다

나는 간판 없어도 시조 바다 헤엄친다

오늘도 삼 장 육 구에 비늘 린을 올렸다

* 천자문 시조 쓰기 '비늘 린鱗'에서

갈치는 비늘 없어도
태평양을 헤엄친다
나는 간판 없어도
시조바다 헤엄친다
오늘도 삼장육구에
비늘 린을 올렸다

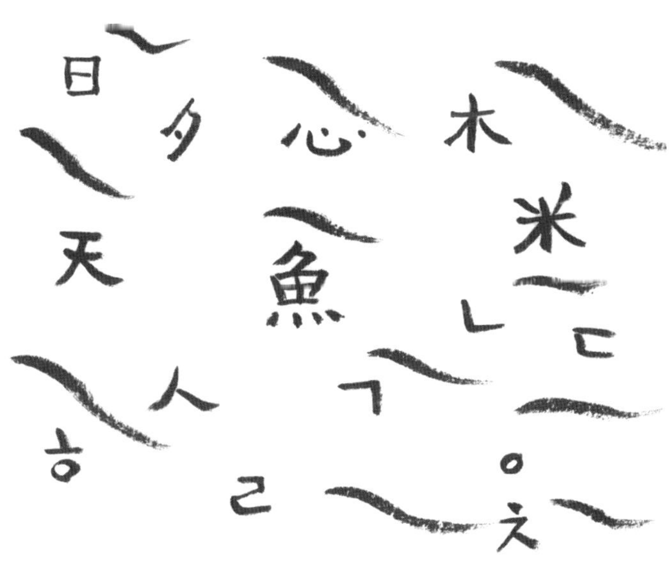

열다섯 가출 소녀

엄마 없이 휑한 아이 한쪽 날개 꺾인 새

허한 마음 서성이며 파닥파닥거리다가

매 발톱 거친 손아귀 어둠으로 빠지네

* 천자문 시조 쓰기 '젊을 소少'에서

열다섯 가출소녀

엄마 없이
휑한 아이
한쪽 날개
꺾인 새

허한 마음
서성이며
파닥파닥
거리다가

매 발톱
거친
손아귀
어둠으로
빠지네

거문고 줄

적당히 조이는 기술 어디 거문고 줄뿐이랴

가스 불 밥하는 것도 불 조절 시간 조절

평정의 줄을 고른다, 사는 것이 이렇다

* 천자문 시조 쓰기 '줄 현絃'에서

거문고 줄

적당히
조이는 기술
어디 거문고 줄 뿐이랴
가스불 밥하는 것도
불조절 시간조절
평정의 줄을 고른다.
사는 것이
이렇다

새아기

"모든 게 너에게 달렸다" 시어머님 하신 말씀

나도 똑같이 말을 했네, 내일의 새아기에게

우리 집 매화나무에 꽃이 다시 피겠네

* 천자문 시조 쓰기 '또 차且'에서

"모든 게
너에게 달렸다"
시어머님 하신 말씀
나도 똑같이
말을 했네,
내일의 새아기에게
우리집 매화나무에
꽃이 다시
피겠네

훅 하니 촛불을 끄니

훅 하니 져버린 꽃 그림자가 그리운 날

훅 하니 켜 든 향불 텔레파시 통하는 날

훅 하니 촛불을 끄니 처마 끝에 뜨는 별

* 천자문 시조 쓰기 '제사 제祭'에서

훅하니 촛불을 끄니

훅하니 져버린 꽃
그림자가 그리운 날
훅하니 켜든 향불
텔레파시 통하는 날
훅하니 촛불을 끄니
처마끝에
뜨는 별

공생

무리 져 성큼성큼 초원의 조랑말들

시흥리 올레 걷기 알오름 언덕길에

조랑말 무동을 태우는 오름들이 보였다

* 천자문 시조 쓰기 '달릴 양驤'에서

공생
무리져
성큼성큼
초월의
조랑말들
시흥리
올레 걷기
알오름
언덕길에
조랑말
무동을 태우는
오름들이
보였다

남국사

도심 속에 갇혔어도 산사 같은 격을 지닌

텅 빈 법당에 홀로 계신 우리 부처님

조용히 죽비를 내려 내 먼지를 터신다

* 천자문 시조 쓰기 '편안할 념恬'에서

남국사
도심속에 갇혔어도
산사같은 격을 지닌
텅 빈 법당에
홀로 계신
우리 부처님
조용히 죽비를 내려
내 먼지를
터신다

자수

천만 번 오색 수실 저 들녘에 꿩이 한 쌍

하늘을 가로질러 푸드덕 날아갈 듯

큰시누 닦아온 불심에 공든 탑이 빛난다

* 천자문 시조 쓰기 '재주 재才'에서

자수

천만 번
오색수실
저들녘에 꿩이 한쌍
하늘을 가로질러
푸드덕 날아갈 듯
큰시누 닦아온
불상에
공든 탑이
빛난다

| 해설 |

체험의 거울 인식, 또 다른 접근법의 탐색

고정국 시인

체험과 인식의 사이에서

한 사람 한 사람 그리고 나의 표정과 몸짓과 언어는 곧 타인으로부터 메아리가 되어 거울처럼 돌아오게 마련입니다. '나'는 수많은 '타인'들의 모임인 동시에, 또한 이 '나'는 수많은 타인들 속에 스며들어 있는 것이 되지요. 결국 거울이 있음으로 해서 인간에게 더 정확한 의미가 주어지는 것이 아닌가 생각할 수 있습니다. 자아의식이 없는 인간이란, 좁은 의미에서 인간이라는 단어의 정의에서 벗어난다고까지 할 수 있습니다.

환경의 지배를 받으면서 인간과 인격이 형성되어 나가듯, 시란 어쩌면 이보다 더한 환경의 영향권에서 발육과 쇠퇴를 거듭한다고 말할 수 있습니다.

김순국 시인의 작품들을 대하면서, 아침저녁 들여다보는 단순한 유리 조각만이 거울이 아니라, 세상 모든 것이 나의 그 어떤 일면일 수 있으며 내면의 한 형상일 수 있다는 생각을 하게 됩니다.

매일매일 떠났다가 돌아와도 반가운 이름

새날이라 꽃단장하고 깜짝 선물 가져오실까

꿈에도 무슨 선물일까 눈 비비는 새 아침
—「새 하루」 전문

굳이 『논어』의 "日新又日新"을 들먹이지 않더라도, 하루하루 늘 희망을 포기하지 않는 시인의 마음가짐을 읽어낼 수 있습니다. 이미 이순의 나이를 훌쩍 뛰어넘은 나이임에도 "매일매일 떠났다가 돌아와도 반가운 이름"이라며 한 시간 한 시간을 껴안는 마음으로 사는 모습이 아름답기 그지없습니다.

"꿈에도 무슨 선물일까 눈 비비는 새 아침". 여기에서 선물은 물질적인 것이 아니라 '기쁨'일 것이며, 시인에게 더 큰 기쁨이란 자연이나 삶의 주변에서 전해 받는 한 줄의 시일 것입니다. 이처럼 나이 60이 넘은 사람에겐 '시간은 시계가 아니라 생명'이라는 말도 있지요.

우리는 작품을 통해서 시인의 삶의 모습을 유추해볼 수 있습니다. 그래서 문학에는 작품론에 앞서 작가론을 들춰보게 되는 것 같습니다. 그런 면에서 본다면 김순국 시인의 작품에선 끊임없는 자기 성찰의 면모를 읽어낼 수 있습니다.

엊그제 벗겼는데 또 나오는 습관의 때

나래 펴고 날기 위해 얼마나 더 벗어야 할까

빈손의 저녁노을이 살갗처럼 아파라

—「허물벗기」 전문

여기에서 "빈손의 저녁노을"이라는 부분을 눈여겨볼 필요가 있습니다. 몸값, 나잇값의 여정을 지나, 마지막 '이름값'을 헤아려야 할 스스로의 처지를 돌아보고 있습니다. 위 작품 초장의 "습관의 때"야말로 일상생활에서 쌓일 수밖에 없는 인습이며, 그 인습에서 오는 일종의 가책 같은 것이라 여길 수 있습니다. 그래서 시인은 한 달에 한 번씩 고향 제주에 오자마자 곧바로 찾아가는 곳이 있습니다. 바로 도심에 자리 잡고 있으면서도 "산사 같은 격"을 지닌 한 사찰입니다.

도심 속에 갇혔어도 산사 같은 격을 지닌

텅 빈 법당에 홀로 계신 우리 부처님

조용히 죽비를 내려 내 먼지를 터신다
—「남국사」 전문

"텅 빈 법당에 홀로 계신" "부처님"이야말로 바로 만나고 싶은 자아의 모습일 것입니다. 시를 쓰는 이유가 있다면 일종의 자아 발견을 위함이 아닌가 싶습니다. 시를 통해 발견된 자아의 모습이 부처의 모습이면서, 그 부처는 다시 자연의 모습으로 다가옵니다. "산사 같은 격"이란 자연 속에 묻혀 있는 신, 즉 부처를 만나는 것입니다. 감사하고, 회개하고, 간구하는 신앙인들의 기도하는 모습이야말로 시인들이 극구 이르고자 하는 깨달음의 세계일지도 모릅니다. "조용히 죽비를 내려 내 먼지를 터"시는 게 부처님이 아니라, 자기 인식의 또 다른 차원의 표현으로 읽게 됩니다.

갈치는 비늘 없어도 태평양을 헤엄친다

나는 간판 없어도 시조 바다 헤엄친다

오늘도 삼 장 육 구에 비늘 린을 올렸다

—「갈치」 전문

이미 '천자문 시조 쓰기' 과정에서 김순국 시인은, 천자문 69번째 '비늘 린鱗' 자를 만나면서, 비늘이 없는 갈치를 떠올렸던 것 같습니다. 비늘 없이 태평양을 노니는 갈치의 해방감에 빗대어 등단이라는 형식적 과정 없이 시조의 대양을 노니는 스스로에게 자부심을 심어주고 있습니다.

노래는 가수만 부르는 것이 아니듯, 그림은 화가만 그리는 것이 아니듯, 운동은 선수만 하는 것이 아니듯, 사랑은 젊은이만 하는 것이 아니듯, 시는 시인만이, 아니 젊은 작가나 국문학과나 문예창작과 출신만이 쓰는 것이 아니라는 의미의 우회적 진술을 '갈치'라는 어족의 이름을 빌려서 하고 있습니다.

시는 달을 가리키는 손가락이라 할 수 있습니다. 손가락에 집착하지 않고 손가락이 향하는 곳의 달과 그 달을 바라보는 자체만으로 아름답습니다. 그러나 그 아름다움이 시의 목적은 아닙니다. 이 시는 형이상의 세계를 가리키고 있다고 보면 될 것입니다. 그곳에 깨달음 또는 진리가 자리하고 있기 때문입니다. 여기에서 시를 쓰는 행위를 일종의 구도자적 삶의 모습으로 볼 수 있다는 역설도 가능하리라 봅니다.

고추냉이 한파 삭혀 부활하듯 솟은 꽃

피막을 찢어내어 향낭 다시 풀었다

한파로 마른 내 등걸 봄바람에 가렵다

—「꽃샘추위에」 전문

봄볕 아래서는 개나리 꽃송이에서도 병아리 소리가 들리고, 바위도 등이 가려워 외투를 벗으려 합니다. 꽃샘추위가 지나고 4월에 접어들면서 모든 꽃송이에서 벌 나비를 유혹하는 향낭이 풀립니다. 이 무렵, 유형무형으로 존재하는 이 세상 온갖 것들이 시인 앞으로 다가와 물음표와 화살표를 던지기 마련이지요. 고추냉이도 한파를 이겨내고 "피막을 찢"는 아픔을 견디며 그토록 소중한 향낭香囊을 열어놓습니다. 이와 때를 같이하여 시인은 새로운 생명체의 잉태를 위한 싹과 꽃들에게서 또 다른 물음표와 화살표를 감지하게 됩니다. 한 편 한 편의 시는 이처럼 시인의 체험을 통해서 얻어진 인식의 결과물로 볼 수 있습니다.

금빛 날개 없어도 해탈한 승려처럼

옷의 품격 따위 필요 없는 예술가처럼

아, 저기 왜가리 한 마리 자기 길로 나른다

—「왜가리」 전문

물이 있는 곳에는 으레 물고기가 있고, 물고기가 있는 곳에는 포식자들이 있기 마련입니다. 물 가까이에 꼼짝 않고 서서 먹이를 기다리는 왜가리를 보면서 구도자의 모습이나 철학가 또는 예술가의 모습으로 본 것 같습니다. 그런데 이 시조의 종장 "아, 저기 왜가리 한 마리 자기 길로 나른다"에서 "자기 길"에 시선이 머뭅니다. "왜가리"의 모습에서 자아를 보았다는 것 같습니다. 그리고 "자기 길"이 아닌 '나의 길'을 가겠다는 의지의 표현을 읽게 됩니다.

여기에서 '외로움'과 '고독'의 다른 점을 읽어낼 수 있습니다. 외로운 자의 눈길은 밖을 향해 있지만, 고독한 자의 눈길은 자기 내면을 향해 있다는 점입니다. 이런 점에서 시인은 내 주변의 모든 것은 나의 거울임을 상기시켜주는 존재임을 확인하기에 이릅니다. 프랑스 시인이며 철학자인 장 그르니에의 한마디 "심오한 거울은 서로에게 그들 영혼의 그림자를 반사한다"를 떠올리게도 합니다.

언어의 재활용과 내면의 리모델링

최근 들어 재활용이라는 말을 많이 듣습니다. 일반적으로 글을 쓰는 사람이라면 체험의 기억 속에서 과거의 유물에 가까운 것들을 재활용하려 들지요. 시조를 쓰는 사람들의 그 절반에게서 가족에 대한 사랑과 그리움과 슬픔과 아픔의 노래를 듣습니다. 김순국 시인의 가족사에는 평이한 것 같지만 결코 평이하지 않은 가르침이 있습니다.

"법 없이 살아가라" 하시던 울 아버지

법전 한 번 눈길 없이 선량하게 잘 사신

뒤뜰에 마디를 세운 대나무가 선하다

—「뒤뜰에 마디를 세운」 전문

이번 시화집의 표제작이기도 한 「뒤뜰에 마디를 세운」은 화자의 선친의 삶의 자세 또는 그 정신을 한 편의 시조 속에 옮겨놓은 것 같습니다. 육신은 이미 떠나셨지만, 그 정신은 아직도 또박또박 마디를 갖춘 대나무처럼 청청하게 바로 뒤뜰에서 시인의 삶의 모습을 지켜보고 계십니다.

"법전 한 번 눈길 없이 선량하게 잘 사신", 이 대목을 읽으면서, 요즘 법을 공부한 사람들일수록 '법은 지키는 것이 아니라, 피해 가기 위해서 공부한 것' 같은 느낌을 아주 강하게 받습니다. 그래서 이 짤막한 한 편의 시조에서 만만찮은 중량감을 떠안게 되는 것 같습니다. 이미 이순의 나이를 넘기면서 부모 노릇을 해야 하는 입장에서 나이 든 사람의 태도, '어른'과 '늙은이'의 태도를 구분 지어야겠다고 다시 한번 마음을 가다듬습니다.

"상한 생선은 흙에 덮으라" 하셨지요

썩은 냄새 뒤에 연꽃 송이 피워 올리는

기다려 거름이 되는 땅의 마음이고파

—「흙」 전문

기꺼이 한 알의 밀알이 되려는 마음가짐……. 공부도 할 만큼 하고, 나이도 들 만큼 들고, 체험도 할 만큼 하고, 책도 읽을 만큼 읽고 있는 우리 현대인들입니다. 좀 더 넓게 본다면, 역시 부처님 손바닥에서 주고받는 '그 말이 그 말, 그 책이 그 책' 같습니다. 그럼에도 불구하고 오늘 이 작품을 대하면서 갑자기 생각이 많아지는 이유가 무엇일까요?

이 나라에 학교가 모자란 것도 아니고, 절간, 성당, 교회가 모자라지도 않고, GNP도 3만 불이 넘었다 하고, 여기저기 집이 남아돌고, 옷이 남아돌고, 음식이 남아돌아 체중들은 넘쳐나고, 길이 넘쳐나고, 자동차가 넘쳐나고, 책이 넘쳐나고, 시인과 시가 넘쳐나고, 석박사가 넘쳐나고, 선생님이 넘쳐나고, 말과 글이 넘쳐나고, 국회가 넘쳐나고,

정치인이 넘쳐나고, 판검사가 넘쳐나고, 언론이 넘쳐나고, 컴퓨터와 핸드폰이 넘쳐나고, 지식과 정보가 넘쳐나고, 각종 스타들이 넘쳐나고……, 돌아보면 모자란 게 없다 못해 넘쳐나는 것 같으면서도, 스스로 행복하다는 사람은 보이지 않고 여기저기 '죽을 지경'이라는 사람들이 넘쳐나는 세상 같습니다.

굳이 맹자의 사단설의 수오지심을 들먹이지 않더라도, 이곳저곳 부끄러워하는 사람이 좀처럼 보이지 않습니다. '또렷또렷한 밀알'들은 꽉 차 있는데, '썩어서 썩으려는 밀알'은 보이지 않습니다. 그런데 "뒤뜰에 마디를 세운" 이 시대의 어른이 한 말씀 하십니다.

"입들만 살았구나!"

"왜 입들만 살아 있는 것입니까?"

"몇백, 몇천만 원씩 들여가며 멀쩡한 집 안은 쾅쾅 뜯어고치면서, 네 머리나 가슴속 리모델링에 신경 한 번 쓴 일이 없지 않느냐?"

"……."

수의를 지으셨다던 친정어머니 낮은 목소리

김장하고 겨울 걱정 끝이라 하시듯이

그 미소 은은한 여유 보름달에 어린다

—「마지막 준비」 전문

여기저기 '100세 시대'라고 요란하게 떠들고들 있습니다. 이에 "100살까지 산다는 것은 정상적 사람 구실을 하는 인격체의 수명이 아닌, 근근이 목숨을 이어가는 연명延命에 다름 아닐 것"이라 말대꾸 하려다가 그만두곤 한답니다. 그런데 여기, 스스로 "수의를 지으셨다던 친정어머니 낮은 목소리"를 「마지막 준비」라는 제목에 아무런 수식이나 가감 없이 옮겨놓은 시인의 더 낮은 목소리를 듣습니다.

왜 사느냐고 물었을 때 잘 죽기 위해 산다고 말할 수 있는 마음가짐, 잘 죽기 위한 삶의 자세를 물었을 때 잘 사는 것이라 대답할 수 있는 마음가짐, 잘 자는 게 어떤 것이냐고 물었을 때 곧 "법 없이 살아가"는 것이라 말할 수 있는 마음가짐이며, 그게 어쩌면 내 양심에 어긋나지 않는 삶의 모습이 아닌가 싶습니다. 야인 전우익 선생이 남기셨지요? "음식물 됨됨이는 상차림에 나타나고, 사람 됨됨이는 설거지에서 나타난다"라고.

천만 번 오색 수실 저 들녘에 꿩이 한 쌍

하늘을 가로질러 푸드덕 날아갈 듯

큰시누 닦아온 불심에 공든 탑이 빛난다

—「자수」 전문

"공든 탑"……! 참으로 오랜만에 접해보는 구절 같습니다. "천만 번 오색 수실"의 한 땀 한 땀 포개진 수실이 마침내 "하늘을 가로질러 푸드덕 날아갈 듯"한 "큰시누"의 자수刺繡를 보면서 또 다른 생명력을 얻습니다. "자수"와 "불심"이 포개지면서 뚜렷하게 완성시킨 "큰시누"의 삶의 모습을 김순국 시인이 은근슬쩍 독자들 앞에 자랑하고 있네요. 그런데 여기,

> 훅 하니 져버린 꽃 그림자가 그리운 날
>
> 훅 하니 켜 든 향불 텔레파시 통하는 날
>
> 훅 하니 촛불을 끄니 처마 끝에 뜨는 별
>
> ―「훅 하니 촛불을 끄니」 전문

몇 년 전 불치의 병마로 앞서 보낸 자식의 기일을 맞고 썼음 직한 한 편의 시가 읽는 이의 눈길을 멈춰 세웁니다. 초 · 중 · 종장 첫 음보가 "훅 하니"로 시작되고 있습니다. 1년 전에 상재했던 김순국의 시집 『반대편에 반짝이는』을 다시 꺼내 봅니다.

"저녁밥 짓는구나/ 수한이가 사는 집에// 그 동네 잔별들을/ 하나

둘씩 불러 앉혀// 가깝게 저무는 하늘이/ 숭늉 물을/ 끓이나"(「저녁놀」 전문)

"블랙홀 알 수 없는 곳에/ 무엇으로 다시 만나리// 발신음도 닿지 않는/ 전화기의 주인이여// 네 인생 이야기꽃이/ 그 별에 가/ 맺혔다"(「너의 별」 전문)

그때 시집은 『반대편에 반짝이는』이라는 주어 없는 제목이었습니다. 바로 반대편에서 서로 마주하고 글썽이는 엄마와 아들의 눈빛을 노래했던 것입니다. 여기 "훅 하니 촛불을 끄니 처마 끝에 뜨는 별"과 연관시켜 본다면 "발신음도 닿지 않는" 그 아득한 거리에 있는 아들의 별이 사라지기는커녕 오히려 처마 끝에 성큼 다가온 것처럼 자식에 대한 엄마의 짙은 그리움을 감지할 수 있을 것 같습니다.

자연과 사람 그 접점의 노래

제주 시인들의 시에 가장 많이 등장하는 시어가 '바람'이다 보니, 어떨 땐 시 속에서 바람 소리가 들려오기도 한답니다. 제주 돌담은 크기가 서로 비슷한 돌들을 골라 다듬지 않은 상태로 쌓아놓은 일종의 경계선과 같습니다. 그래서 돌담 구멍을 통과한 바람은 한결 유순해

지면서 피리 소리 또는 해녀들의 숨비소리로 다시 태어납니다.

바위 너머 돌 틈으로 휘이휘이 이는 바람

가파도 청보리가 파도처럼 쓰러지고

한바탕 춤사위 끝엔 발끝까지 파랗다

―「제주 바람」 전문

바람의 고장 제주도에서도 가장 바람이 많은 곳이 가파도와 마라도입니다. 청보리 축제로 잘 알려진 이곳 가파도 청보리 돌담길을 걸었던 시인의 소회가 잘 그려져 있네요. 바람이 돌담 구멍으로 들어와 청보리가 넘실거릴 때 섬 밖에서 출렁이던 남단의 파도가 함께 뒤섞이면서 초록 춤사위를 연출하기에 이릅니다. 그 청보리 돌담길을 걸어 나온 시인의 발끝에 이처럼 시 한 편이 묻어나 있습니다.

시인의 발걸음은 여기에 멈추지 않고, 스릴 넘치는 래프팅을 만끽할 수 있다는 강원도 동강에 이릅니다. 바로 동강 유역의 산 바위틈에서 일반 할미꽃보다 키가 크고 잔털이 많은 동강할미꽃을 만납니다. 자연을 사랑한다는 사람들이 동강 절벽 바위틈에 꼭꼭 숨어 피어 있는 동강할미꽃을 훔쳐다가 심지어 상품을 만들어 거래하는 경우들도 있나 봅니다.

긴 얼굴 보랏빛 꽃 누런 잎을 뜯지 마오

강원도 동강의 절벽에만 피는 마음

춘궁에 빈 젖 같은 잎새 엄마 품속 같아요
—「동강할미꽃」 전문

"보랏빛 꽃 누런 잎"이 "춘궁에 빈 젖"으로 환유되면서 동강할미꽃이 화자의 젖먹이 때 "엄마 품속"을 떠올리고 있습니다. "절벽에만 피는" 그 할미꽃이라도 결코 고귀함을 잃지 않는 친정엄마를 그려내고 있습니다.

한 장르가 지니는 구심력과 원심력은 물론, 뭔가 아득히 우주의 질서와 맥이 통하는 우리 언어의 신비감이 어쩌면 시조 안에 녹아 있는지 모릅니다. 거기에는 필연코 여백의 미가 있기 마련입니다. 시조의 정형이라는 틀이야말로 정형 밖을 유추케 합니다. 정형의 틀에 갇혀 있음으로 해서 그 벽을 뚫고 나가려는 절실함이 서려 있어서 시조는 읽는 이를 긴장하게 한답니다.

먹물 적신 붓이 여백으로 펼치는 세상

띄엄띄엄 얹어놓은 폭설 뒤에 오름 사이로

어렴풋 봄을 키우는 하늘빛이 내려와

—「수묵화」 전문

눈이 온 뒤에 도두봉에 올라 한라산 쪽을 바라보면, 띄엄띄엄 삼백예순 넘는 오름들이 마치 마른 풀 뜯다 알맞은 간격으로 누워 되새김질하는 초식동물들 같습니다. 그 알맞은 간격에 쌓인 눈이야말로 자연이 비워놓은 여백입니다. 그 여백으로 하여금 오름과 오름을 구분 짓게 합니다. 수묵화나 시조는 동양 예술에서 빼놓을 수 없는 여백의 미, 즉 행간을 마련해놓습니다. 행간이야말로 작품을 감상하는 소비자의 몫으로 남겨놓는 것입니다. 한겨울의 여백엔 어느새 하늘빛이 내려와 봄을 준비하고 있습니다.

마무리, 농사꾼의 문법으로

'읽다'라는 동사형 낱말에서 사람들은 책을 먼저 떠올립니다. 그런데 김순국 시인은 오래전부터 중증 녹내장을 앓으면서 책을 읽는 자체가 어려운 입장이라는 점을 전해 들은 바 있습니다. 그래서 차라리 자연을 읽고, 체험을 통해 세상을 읽은 다음 반드시 자아를 읽으라고

답한 적이 있습니다. 그 과정에서 사유하게 되고 그 사유로 인해 인식으로 정리되면서 그 인식의 징검돌을 밟고 시의 세계를 만나게 된다고 했습니다.

시각이 불편한 경우, 청각과 촉각, 그리고 후각이 발달하게 되는 것 또한 이들의 특징이라 할 수 있습니다. 그중에 생활 체험에서 얻는 하루하루의 삶의 이야기야말로 김순국 시인의 시의 보고寶庫이면서 자아 발견의 거울이라 할 수 있습니다. 그런데 이번 해설해야 할 장르가 단순히 시나 시조에 국한된 것이 아니라, 듣기에도 생소한 캘리그래피와 수묵 일러스트, 거기에다 붓글씨 등이 포함돼 있어서 이쪽에는 전혀 문외한임을 이유로 해설 쓰기를 여러 차례 고사했음을 고백합니다. 그래서 해설은 오로지 시조 작품만을 다뤘음을 독자 제위의 양해를 바랍니다.

필자는 문학인이 아니고 농사꾼이었습니다. 농사꾼이 되기 위해 잠시 식물의 영양생리와 토양의 물리적, 화학적 성질을 공부하면서 외국의 한 연구실에 머물렀던 적이 있습니다. 그래서 농학자들의 자연 접근법과 농사꾼들의 접근법이 다른 점을 발견했던 적이 있습니다. 농학자들의 접근법은 화학약품을 곁들인 분석과 실험이지만, 농사꾼들은 바로 체험으로 몸에 익힌 육감을 통해 접근해간다는 사실입니다.

연구실에서는 화학약품을 사용하면서 그 결과를 수치나 도표로 그려내는 것을 학자의 몫으로 합니다. 그러나 연구실 밖에는 '변동 요인' 또는 '복병'이라는 갖가지 요인들이 있기 마련입니다. 그래서 가끔 농사꾼들은 학자들이 내놓은 수치나 도표들에서 눈길을 돌려버릴 때가 있습니다. 농사꾼들은 갖가지 변동 요인을 온몸으로 체험하면서 얻어낸 자기만의 노하우가 있기 때문입니다. 소비자들은 학자들이 분석한 결과물을 먹지 않고 농사꾼들이 생산한 농산물을 먹습니다. 문학에 있어서 작품과 독자와의 관계도 이와 크게 다르지 않으리라 믿습니다.

이 엉뚱한 사적인 체험담을 시조 해설 말미에 장황하게 늘어놓는 이유가 있습니다. 필자는 작품들을 문학 이론에 대입시켜 분석하거나 해부하지 않고, 그 작품이 가리키는 손가락의 방향을 헤아려보려 했습니다. 토양 분석하듯 약물 처리로 시를 해부하고 분석해버린다면, 아무리 훌륭한 작품이라도 평범한 이야기로 전락해버릴 것이라는 우려 때문입니다. 시는 분석하고 해부하는 대상이 아니라, 한 잔의 와인처럼, 음악처럼 마시고 감상하는 장르로 알고 있습니다. 그때 시는 이야기로서가 아니라, 그것이 전체적인 의미로서 핵심을 얻게 될 것입니다. 밥과 고기는 먹을수록 배가 불러오지만, 와인과 음악은 사람의 감정을 고조시키며 취하게 하는 기능이 있습니다. 꿈과 해몽이 빗나갔다면, 그냥 시골 농사꾼 아저씨의 독후감 정도로 이해해주면 고맙겠습니다.

여기 수록된 50편 시조 작품을 캘리그래피와 수묵 일러스트, 그리고 붓글씨까지 겹쳐 넣으면서 마침내 퓨전의 기법으로 독자에게 접근하려는 김순국 시인의 남다른 열정과 용기에 큰 박수를 보냅니다.